BEI GRIN MACHT SICH IHR WISSEN BEZAHLT

AF136015

- Wir veröffentlichen Ihre Hausarbeit, Bachelor- und Masterarbeit

- Ihr eigenes eBook und Buch - weltweit in allen wichtigen Shops

- Verdienen Sie an jedem Verkauf

Jetzt bei www.GRIN.com hochladen und kostenlos publizieren

GRIN ☺

Strategische Unternehmensführung. Strategischer Wandel bei der "Gesundheits- und Medizintechnik AG"

Bibliografische Information der Deutschen Nationalbibliothek:

Die Deutsche Nationalbibliothek verzeichnet diese Publikation in der Deutschen Nationalbibliografie; detaillierte bibliografische Daten sind im Internet über http://dnb.d-nb.de abrufbar.

ISBN: 9783346378446
Dieses Buch ist auch als E-Book erhältlich.

Deutsche Hochschule für
Prävention und Gesundheitsmanagement
Hermann Neuberger Sportschule 3
66123 Saarbrücken

Einsendeaufgabe

Fachmodul: Strategische Unternehmensführung II

Studiengang: Master of Arts – Prävention und Gesundheitsmanagement

Datum
Präsenzphase: 07.12.2020 – 10.12.2020

Studienort: **Köln**

Semester: **Wintersemester 20/21**

Inhaltsverzeichnis

1 Bodo Müllers Plan

Wandel, Organisationsentwicklung und Changemanagement (auch: CM genannt) sind voneinander abzugrenzen. Der Fall, um den es hier geht ist eine angedachte Organisationsentwicklung von Herrn Müller (Marketing Direkter Vertrieb d. Unternehmen Gesundheits- und Medizintechnik AG in Deutschland), stellt sich allerdings als ein CM dar. Dieser ist immer dann notwendig, wenn sich entsprechende Widerstände erweisen.

1.1 Gründe für Wandel

Im Folgenden werden die drei Gründe, die für den Wandel stehen, den Bodo Müller initiieren will, genannt:

Externe/Exogene Ursachen:

1.Neue Marktentwicklung (neue Kundenanforderungen), die einen Organisationsentwicklungsprozess initiieren, d.h. Kunden haben neue Ideen (Vorstellungen) und eine neue Erwartungshaltung, die zu bedienen sind.

2.Fehlende Investition in Neugeräte: Die staatliche Finanzierung für Krankenhäuser erweist sich als zu gering, deshalb werden medizinische Geräte instand gehalten, anstatt ersetzt zu werden.

Interne/Endogene Ursache:

3.Das Management oder in diesem Fall Bodo Müller als Marketing Direktor hat neue Wertemaßstäbe (gewisse Vorstellungen, gewisse Strategieideen). All das hat als Konsequenz, dass es zu Entwicklungsprozessen kommen kann.

1.2 Aspekte des Strategiewandels

Nun wird hinsichtlich des Change Managements auf drei Aspekte von Bodo Müllers Plan zum Strategiewandel eingegangen:

1.Im Fall Bodo Müller wird von Seiten des Unternehmens die Strategieimplementierung als Wandel 2. Ordnung wahrgenommen. Das bedeutet, dass der Wandel zu radikal ist, sehr evolutionären Charakter hat, vielleicht sogar Züge eines fundamentalen Wandels aufzeigt, d.h. stark brechend und im Außenverhältnis stark lebend ist. Dementsprechend wird die Angst der Betroffenen (u.a. Mitarbeiter) umso größer je intensiver und komplexer der Wandelprozess ist. Bodo Müller nutzt das vierteljährliche Treffen des Marketing-Boards für seine bombenwurfartige Einführung grundlegender organisationaler Veränderung (geschäftsbereichsübergreifendes Projekt mit Ideen zum C-Level-Marketing). Die Verhaltensweisen der Mitarbeiter nehmen eine passiv positive Rolle an, die später allerdings dann in eine aktiv negative Haltung umschlägt. Von Herrn Müller angedacht war es jedoch das Marketing an den Bedürfnissen des „C-Level" und nicht wie bisher der Krankenhausärzte auszurichten.

2. Trotz des abgelehnten Marketing Budgets ruft Bodo Müller eine Arbeitsgruppe ins Leben und versendet Einladungen zum Kick-Off Meeting, bei dem nur die Hälfte erscheint. Herr Müller hält weiterhin an seiner Strategie und dessen Plan zur Implementierung fest, da die Gesundheits- und Medizintechnik AG beweisen sollte, dass es auch ganzheitliche Lösungen liefern kann, zumal Kaufentscheidungen der Kunden eben nicht mehr nur von den Krankenhausärzten gefällt wurden.

3. Beim nächsten Treffen des Marketing-Boards präsentiert Bodo Müller nach Holzhammer Methode zum wiederholten Male seine Argumente und versucht die Marketing Vizepräsidenten an das Engagement vom ersten Treffen zu erinnern, um dessen Zuspruch zu gewinnen.

1.3 Barrieren und Widerstände

1. Passiver und verbaler Widerstand

Beim vierteljährlichen Treffen des Marketing-Boards gehen die ersten Reaktionen durchaus positiv aus, so heißt es in der Fallbeschreibung. Jedoch wird von vorneherein sehr zögerlich mit der Chance zu einer Budgetierung umgegangen. Das Ablehnen einer Budgetierung ist in diesem Fall der passive Widerstand. Hier steckt allerdings auch der verbale Widerstand drin.

2. Non-verbaler und aktiver Widerstand:

Der nonverbale und aktive Widerstand findet sich schlussendlich ebenso beim letzten Meeting, das drei Monate nach Bodo Müllers initiiertem Kick-Off Meeting stattfindet, von Seiten der Anreger der Kostensenkungsinitiative in Verbindung mit einer empfindlichen Kürzung des Marketingbudgets. In diesem Fall ist während der Zeit, in der Bodo Müller an seiner Initiative gearbeitet hat, schon längst eine neue strategisch ganz anders aufgestellte Anregung verfolgt worden, die sich gravierend von Bodo Müllers Überlegungen und Zielen unterscheidet. Ohne jegliche, vorherstattfindende Bekanntgabe hat diese Schöpfung Bodo Müllers Ideen, der auf einen solchen Fall völlig unvorbereitet war, niedergeschmettert.

3.Aktiv und non verbal:

Beim letzten Treffen des Marketing Boards, drei Monate nach dem Kick-off Meeting, wird bereits eine ganz neue Initiative zur Kostensenkung in Kombination mit Marketingbudgetkürzungen die volle Aufmerksamkeit geschenkt. Die Anreger dieser Initiative sind schon längst bereits aktiv gewesen, während Bodo Müller noch weiter an seinen Plänen arbeitete. Ohne vorherige Bekanntgabe (non-verbal) wurde Bodo Müller völlig unvorbereitet mit dieser Aktion konfrontiert. Der non-verbale Widerstand war also bereits längst in Gange noch vor diesem Meeting und aktiv war er dann am Meeting geworden.

4.Verbaler und aktiver Widerstand:

Beim Meeting, das drei Monate nach dem Kick-Off Meeting stattfindet, werden schlussendlich anderen Themen Vorrang gegeben wie in dem Fall der Kostensenkungsinitiative in Verbindung mit Kürzungen des Marketing-Budgets. Die Vizepräsidenten untermalen ihren Widerstand mit Aussagen, die Bodo Müllers Projekt endgültig zerstörten.

2   Change Management

Hier geht es dabei u.a. darum Veränderungen gegen Widerstände zu managen und diese dabei zu überwinden. Immer dann, wenn Ängste, Widerstände und eine gewisse Vehemenz gegen den Fortschritt aufgebaut wird, handelt es sich um Change Management.

2.1 Gründe für Scheitern

Tab.1: Gründe für Scheitern / Case Study „Bodo Müller"

Kotters 8-Stufen Modell	Erläuterung	Begründung / Case Study „Bodo Müller"
Zusammenstellen eines starken Leitungsteams	Dieses sollte idealerweise auch crossfunktional besetzt sein, das entsprechend fungiert vor dem Hintergrund einer klaren Zielvorstellung vor einer emotional geladenen Vision.	Die Arbeitsgruppe, die Herr Müller ins Leben rief umfasste Vertreter aller Unternehmenseinheiten auf Arbeitsebene. Ebenen wie Planungs-, Organisations- und Kommunikationsebenen wurden dabei nicht beachtet und stellten letzendes auch Bereiche dar, die für mehr Verständnis und Akzeptanz „dem großen Ganzen" gegenüber, also der Vision, gesorgt hätten.
Kommunikation der Vision für mehr Verständnis und Akzeptanz	Wichtig im Bereich der verhaltensbezogenen Aufgaben. Die Kraft der Vision bietet verschiedene Ansätze zu **emotionalisieren**.	Bodo Müller scheint so sehr auf die „hard facts" konzentriert gewesen zu sein, dass er es verpasst hat die Unternehmensvision in Augenschein zu ziehen und diese, statt des erhofften Marketing-Budgets für das „C-Level", im Fokus zu behalten. Seine Kommunikation war sachlich und klar, jedoch nicht mitreißend im visionären Sinne.
Sichern von Handlungsfreiräumen	Befähigung von Mitarbeitern kleine Meilensteine, die erreicht werden zu zelebrieren->**agiles Projektmanagement**.	Eine Gelegenheit dazu hätte es bereits unmittelbar nach dem ersten Treffen des Marketing-Boards gegeben, da die ersten Reaktionen seiner Präsentation durchaus positiv ausfielen. Das eingeforderte C-Level Marketing-Budget wäre nach hinten raus mit mehr Enthusiasmus behandelt werden können, wenn es nach dem Zelebrieren dieser Zustimmung als Einheit sinniger wahrgenommen wäre.
Entwickeln und Verankern neuer Kultur (Verhaltensweisen)	Es kann Wochen oder Monate (je nach Anlass) dauern bis überhaupt neue Verhaltensweisen eine Chance haben. Je größer das Projekt ist, desto länger kann dieser Prozess dauern ->vielleicht: Eine Jahresperspektive andenken, bis eine gemeinsame Kultur gelingt.	Drei Monate lagen zwischen den Meetings, an denen Herr Müller versucht hat seine neue Strategie zu implementieren. In dieser Zeit ist es Herrn Müller nicht gelungen zumindest eine neue Unternehmenskultur einzuleiten, geschweige zu verankern. Fehlende Einführungen von neuen Verhaltensweisen zur neuen Unternehmenskultur zum Einen, aber vor allem auch Zeit zum anderen können in diesem Fall maßgeblich zum Misserfolg geführt haben.

2.2 Veränderungen meistern

Tab. 2: Veränderungen meistern / Case Study „Bodo Müller"

Kotters weiterentwickeltes 8-Stufen Beschleuniger Modell	Case-Study „Bodo Müller"
Strategischen Wandel in der Unternehmenskultur institutionalisieren	Positive Effekte: -Aktive Beteiligung aller Mitarbeiter -Erhöhung des Kundenfokus -Förderung der Kreativität und Innovationen -Wandel als evolutionäre Weiterentwicklung -Fähigkeit des Unternehmens zur schnelleren Veränderung -Förderung einer dynamischen Change-Kultur
Eine lenkende Koalition aufbauen und pflegen	Klassisches hierarchisches Unternehmen wird beibehalten, trotzdem werden freiwillige Mitarbeiter gesucht die in einer sogenannten lenkenden Koalition eines Netzwerkes agieren und aus den Initiativen entspringen können. Das agile Netzwerk würde im Falle der „Gesundheits- und Medizintechnik AG" vorwiegend aus sieben im operativen Bereich tätigen Mitarbeitern aus den unterschiedlichen unabhängigen Unternehmenseinheiten und aus sieben Managern bestehen.
Eine strategische Vision formulieren u. Change-Initiativen entwickeln	Es kommt zu einem agilen Netzwerk, das Output orientiert und kreativ agieren kann: -Mehrere Change Agenten am Start: Die wollen und müssen nicht; arbeiten mit Herz und Kopf; führen entsprechend intern (kein rein formales Management) Initiativen haben direkte Auswirkung auf Kunden: Weiterempfehlungsrate und erhöhte Mitarbeiterzufriedenheit.
Die Vision und die Strategie kommunizieren, um Unterstützung und Freiwillige zu gewinnen	Gewisse Aktionstage, gewisse Konzepte wie Digitalisierungsstrategien oder Projekte. Es kann eine Großveranstaltung oder Event sein. Vorteile: -komplexer Projektbaustein wird zergliedert, von schwierig zu einfach -innovativer Charakter -zeitlich begrenzte Aufgabe -einmalig -definierbarer anfangs- und endzeitpunkt
Hindernisse beseitigen, um schnelleres Vorankommen zu ermöglichen	Dazu ließe sich das dreistufige Phasenkonzept nach Lewin (1963) anwenden: „Auftauen, bewegen, stabilisieren". Durch das Auftauen (1.Phase) des bestehenden Aggregatzustandes kann Zugang zu Mitarbeitern gefunden werden und retardierende Kräfte vermindert werden. Wenn das gelingt, kann dann zur „Bewegungs-Phase" (2.Phase) übergegangen werden: Hin zum gewünschten Zustand durch neue Verhaltensweisen bis zur Entwicklung neuer Arbeitsabläufe (akzelerierende Kräfte werden mobilisiert). Letztendlich wird in der 3. Phase das Stabilisieren der neuen Situation wieder in einen Ruhezustand gebracht und sichergestellt, dass das System nicht wieder in den alten Zustand zurückfällt.
Schnelle bedeutende Erfolge zelebrieren	Motivierung der Mitarbeiter, bedeutet: Tempi berücksichtigen. Bevor die Umsetzung stattfindet, erst durchsetzen (mentaler Aspekt). Da Mitarbeiter erst bereit sein müssen neue Strategien anzunehmen (Haake & Seiler, 2012, S. 125).
Nie nachlassen, immer weiter lernen, nicht zu früh den Sieg ausrufen	Weiter zu überlegen, vielleicht: Darüber nachzudenken ein neues Change Management Konzept anzustoßen, u.a. wenn neue Veränderungsprozesse anstehen.

3   Strategieimplementierung

Was ist eine Strategieimplementierung ? Laut Welge und Al-Laham (2012, S.938) umfasst die Strategieimplementierung die Umsetzung strategischer Pläne in konkretes, stra-
tegiegeleitetes Handeln der Unternehmensmitglieder.

Allgemein wird die konkrete Strategieimplementierung in zwei Teilphasen unterteilt: Die
Durchsetzung- und die Umsetzungsphase.

3.1   Durchsetzung

Das Ziel der Durchsetzung ist es für eine Akzeptanz (verhaltensbezogene Aufgaben) in
den Köpfen der Mitarbeiter zu sorgen wie in diesem Fall auch der Vizepräsidenten des
Marketings und allen Mitarbeitern. Die Theorie bietet dazu verschiedene Felder: Vermittlung der Strategie, sowie Einweisung der Strategie und die Schaffung eines strategiebezogenen Konsens.

Im Rahmen der Vermittlung der Strategie geht es darum das Verständnis der Mitarbeiter
zu gewinnen. Ein Beispiel dafür bietet die Kommunikation der Vision, Mission und vor
allem die Werte des Unternehmens. Um einen expliziten Wert, der entsprechend die Unternehmenskultur definiert, zu nennen: „Eigentümerkultur wird im Verhalten lebendig.
Von Eigentümergeist geprägte Verhaltensweisen sollen zum Maßstab und Fundament des
Handelns werden. Dabei ist jeder Einzelne gefragt, denn nur so kann das Verhalten be-
ständig weiterentwickelt und verbessert werden." Dieser Wert ist der Beschreibung des
Sachverhalts der Gesundheits- und Medizintechnik AG zu entnehmen. Bodo Müller hat
also die besten Gegebenheiten, um darüber neue Ziele des Marketings formulieren und
kommunizieren zu können, entsprechend diese für die Durchsetzung nutzen zu können.

Weiterauf hätte eine Schulung der Mitarbeiter im Rahmen der Einweisung der Strategie
für die nötige Wissensvermittlung gesorgt, die mit hoher Wahrscheinlichkeit Unsicher-
heiten beseitigt und somit ein Gefühl der Sicherheit erschaffen hätte. Denn Vermittlung
und Einweisung der Strategie gehören in gewisser Weise zusammen und reichen damit
auch einander die Hand.

Für die Schaffung eines strategiebezogenen Konsens hätte die Bestimmung der Maßnahmen, die in gemeinschaftlichen Gruppen festgehalten worden wären und somit auch die

Integration aller gefördert hätte, ein Gesamtbild geformt. So wären ideale Rahmenbedingungen geschaffen worden, um Ziel-, Verteidigungs- und Durchsetzungskonflikte zu vermeiden und somit auch Qualität zu fordern.

3.2 Umsetzung

Wenn die Akzeptanz geschaffen ist, kann es in die konkrete Umsetzung gehen. Die Umsetzung hat Probiercharakter, beispielsweise Pilotprojekte. Genauso besteht auch die Möglichkeit ein Mischverhältnis aus Pilotprojekt und beispielsweise Kulanz anzuwenden, sodass erst im späteren Verlauf definiert wird was im tatsächlichen Handeln passiert. Denn nach jeder strategischen Entscheidung folgt die Frage darüber wie das Unternehmen diese nun bestmöglich in den Alltag umsetzen kann (sachbezogene Aufgaben).

Personal und Führungskräfte spielen dabei eine essenzielle Rolle. Bodo Müller hätte einen Akzent auf die Interaktion von Führungskräften und Mitarbeitern über gewisse Wertestrukturen setzen sollen. Wertestrukturen betreffen insbesondere die Unternehmenskultur. Die Unternehmenskultur kann extrem förderlich sein, insbesondere wenn es darum geht Strategie zu implementieren. Gerade deshalb ist dieses Thema sehr sensibel zu behandeln und erfordert ein gewisses Maß an Empathie und Feingefühl. Emotionen sind an dieser Stelle nicht zu vernachlässigen. Dabei ist wie bereits erwähnt Vorsicht geboten, denn eine Unternehmenskultur kann auch einen verhindernden Wirkungscharakter haben. Sie kann zäh sein und im schlimmsten Fall einen derartigen Klebstoffcharakter aufweisen, dass sie den Mitarbeitern und Führungskräften zu wenig Bewegung ermöglicht. Ein Beispiel für ein Implementierungsinstrument, dass Bodo Müller die Transformation strategischer Entscheidungen in Pläne umzuwandeln ermöglicht hätte, wäre womöglich ein softwarebasiertes Infosystem gewesen. Das bedeutet, dass aus dem Managementsystem heraus jederzeit Informationen geflossen und steuerbar gewesen wären. Mitarbeiterbefragungen, Newsletter, Videobotschaften oder aber auch Onlinesessions wären somit kein Problem und eine große Hilfe in diesem Bereich gewesen.

Bodo Müllers Chancen hätten im Bereich der Strategieimplementierung besser ausgesehen, wenn bei Schulungen der strategiebezogenen Qualifikationen der Mitarbeiter nicht nur auf die sogenannten „High Potentials", sondern auf die „Right Potentials" geachtet worden wäre, da es sich hier um einen kontinuierlichen und evolutionären Wandel handelt und auf lange Sicht die richtigen Mitarbeiter in den richtigen Aufgabenfeldern tätig sein sollten (Anpassung der Unternehmenspotentiale).

Ein weiteres Beispiel im Bereich der Anpassung d. Unternehmenspotentiale bietet dabei die Organisation, die ein unumgängliches Instrument darstellt, wenn es um Erfolg geht. Wichtig ist, dass die Art der Organisation auf die Art des Wandels abgestimmt ist. Die Gesundheits- und Medizintechnik AG ist ein von Eigentürmern geführtes Unternehmen, dass via Matrixorganisation alle sieben unabhängigen Unternehmenseinheiten mit individueller Ergebnisverantwortung bedient. Organisation hat einen funktionalen Charakter, den es strategisch und operativ zu nutzen gilt. Im hiesigen Fall bedeutet dies, die verschiedenen Elemente, die das Organisationssystem charakterisieren (Org.-Struktur, Org.-Prozess und Org.-Kultur) bestmöglich aufzubauen und in den Verlauf zu integrieren.

Heißt man hätte sich in der bestehenden Organisationsform genauer anschauen sollen was die besonderen Merkmale der Organisationsstruktur(en) sind, die sich zwar ähneln, aber trotzdem unterscheiden. Als nächstes wären Überlegungen zum Interagieren dieser Abteilungen fällig gewesen, d.h. nach Ähnlichkeiten und Spezifika sortieren. Somit hätte ein typologischer Ansatz eventuell mehr Erfolg entbehren können. Damit wäre zum einen das Signal gesetzt worden, dass es sich um einen geplanten und keinen zufälligen Wandel handelt und zum anderen wäre eine potentielle Bereitschaft seitens der Mitarbeiter arrangiert worden. Auf den Punkt gebracht: Bodo Müller hätte einen sogenannten Organisationsentwicklungsprozess in die Wege leiten können und damit klar stellen können, dass dies keine Detailänderung, sondern ein umfassender und langfristiger Wandel mit Schwerpunkt auf die Entwicklung von Gruppen und weniger von Individuen ist. Schlussendlich würde eine Intervention durch erfolgsgeleitetes Lernen und Aktionsforschung (u.a. durch Change-Agents) ein Beispiel darstellen wie man dieses Konstrukt noch hätte abrunden können.

→ „Structure follows Strategy"

4 Balanced Scorecard

Die Balanced Scorecard (kurz: BSC) ist ein Element der strategischen Kontrolle. Die BSC ist im Vergleich zu klassischen Controlling-Systemen eine multiperspektivische Steuerungsmöglichkeit. Das heißt sie bietet eine mögliche Lösung zu Kritikpunkten von klassischen Controlling-Systemen, die i.d.R. auf Werte basieren, die in der Vergangenheit liegen, rein monetär sind und eine relativ geringe Vernetzung mit strategischen Zielen aufweisen. So berücksichtigt die BSC monetäre und nicht monetäre Größen, kurz- und langfristige Ziele, sowie Werte aus der Vergangenheit und der Zukunft. Eine BSC entsteht durch den ersten Schritt der Bildung von Ursache-Wirkungsketten und verbindet Ziele, Strategien und Maßnahmen.

4.1 Ursache-Wirkungskette

Im Folgenden wird eine Ursache-Wirkungskette dargestellt, die auf Bodo Müllers Strategie bzw. Vision, die sich auf die Marktentwicklung (den Wandel) und somit der Ausrichtung eines C-Level Marketings bezieht, dargestellt.

Perspektive 1: Interne Geschäftsprozesse

Das Ziel in diesem Bereich der internen Geschäftsprozess-Perspektive ist es den Bestell- und Lieferservice zu verbessern. Dabei sollen die Bestellprozesse auf der Website, aber auch telefonische Bestellungen besser und einfacher gestaltet werden. Wenn sich interne Geschäftsprozesse verbessern und weiterentwickeln hat das zufolge, dass auch Mitarbeiter dementsprechend geschult werden müssen. Das löst die Wirkung auf die nächste Perspektive aus:

Perspektive 2: Lernen und Entwicklung

Auf Lern- und Entwicklungsperspektive konzentriert sich die Gesundheits- und Medizintechnik AG auf die Steigerung von Kompetenz und Freundlichkeit der Mitarbeiter. Durch die Investition dieser beiden Felder wird nicht nur das fachliche Knowhow, sondern auch die Service- und Betreuungsqualität der Mitarbeiter gefördert. Wenn die Service- und

Betreuungsqualität die Folge ist und zugleich realisiert wird, dass dies zu einer gesteigerten Kundenzufriedenheit führt, dann setzt hier nun Perspektive 3 an: Die Kundenperspektive.

Perspektive 3: Kundenperspektive

Eine gesteigerte Kundenzufriedenheit erhöht die Kundentreue. Kundentreue, die steigt, verbessert in diesem Kontext auch die finanzielle Perspektive und damit auch die Rentabilität des Unternehmens.

Perspektive 4: Finanzielle Perspektive

Eine erhöhte Rentabilität beeinflusst die Finanzperspektive sehr positiv. Eine Ursache wird somit zu einer Wirkung. Die erzielte Wirkung ist die Ursache für die nächste Wirkung. Wie in diesem Fall die Finanzperspektive auf die öffentliche Perspektive.

Perspektive 5: Öffentliche Perspektive

Wenn durch die steigende Rentabilität nun aus öffentlicher Perspektive das Interesse der Gesellschaft oder anderen Interessengruppen geweckt wird, ist die Wahrscheinlichkeit sehr hoch, dass nun auch seitens der Verkäufer und Vertriebler ganzheitlicher verkauft werden kann (Cross Selling). Ein breiter aufgestelltes Arbeiten wird somit möglich und eine Änderung der Ausrichtung auf den Abnehmer findet statt (u.a. Ausrichtung: C-Level Marketing).

Der Gesundheits- und Medizintechnik AG ist es somit über das Fördern der Konsistenz der strategischen Ziele über alle Perspektiven im Hinblick auf die Vision und Strategie weiterhin ermöglicht als Global Player in der Gesundheitsindustrie zu agieren.

4.2 Festlegung Ziele, Kennzahlen, Vorgaben und Maßnahmen

Basierend auf der unter 4.1 dargestellten Ursache-Wirkungs-Kette wird für jede der fünf einzelnen Perspektiven nun je ein Ziel, eine zu dem Ziel passende Kennzahl, sowie zu der Kennzahl passende Vorgabe und Maßnahme entwickelt. Damit soll für eine Transparenz über die Abhängigkeiten und Zusammenhänge zwischen Ergebniskennzahlen und kritischen Erfolgsfaktoren gesorgt werden.

Perspektive 1: Interne Geschäftsprozessperspektive

Ziel: Verbesserung des Bestell- und Lieferservice

Kennzahl: Anzahl der Reklamationen

Vorgabe: Weniger als 10% der gelieferten Bestellung werden reklamiert

Maßnahme: Verbesserung des Bestellprozesses auf der Website, sowie bei telefonischen Bestellungen

Perspektive 2: Lernen und Entwicklung

Ziel: Qualifikation der Mitarbeiter

Kennzahl: Weiterbildungen pro Mitarbeiter

Vorgabe: 5 Weiterbildungen pro Mitarbeiter

Maßnahme: Interne u. externe Weiterbildungsprogramme für jeden Mitarbeiter bereit stelen

Perspektive 3: Kundenperspektive

Ziel: Verbesserung der Service- und Betreuungsqualität

Kennzahl: Anzahl der Beschwerden

Vorgabe: Weniger als 5% der Kunden beschweren sich über die Dienstleistung

Maßnahme: Schulung für das Qualitätsmanagement-Team

Perspektive 4: Finanzielle Perspektive

Ziel: Steigerung des Wachstums

Kennzahl: Umsatzzahlen (Umsatzrentabilität)

Vorgabe: Konstante Umsatzrentabilität von 8 % auf 10 % steigern

Maßnahme: Maschinen und Geräte ganzheitlicher vertreiben (Cross-Selling);

→Ausrichtung auf das C-Level Marketing!

5 Unternehmensethik

Wertekonformes Verhalten ist für ein Unternehmen sehr wichtig. Im Folgenden wird ein Unternehmen aus der Praxis dargestellt, bei dem aufgrund eines öffentlich bekannten Problems bzw. Skandals ein wertekonformes Verhalten nicht ersichtlich war.

5.1 Praxisbeispiel: NESTLÉ

Getränkeriese NESTLÉ wird vorgeworfen mit PURE LIFE und 63 weiteren Marken als Marktführer weltweit profitable Trinkwasserquellen aufzukaufen, die der Bevölkerung auf dem ärmsten Kontinent der Welt Südafrika gehören. Genau genommen soll NESTLÉ das Land über den Quellen gekauft, eingezäunt und die Quellen abgepumpt haben (Stern, 2015). Die Vereinten Nationen haben 2010 Wasser zu einem Menschenrecht erklärt, während der Großteil der südafrikanischen Bevölkerung immer noch keinen Zugang zu sauberem Trinkwasser oder Sanitär erhält. Die Gewinn-Marge von Wasser liegt bei einem 1.000-fachen (Stern, 2015).

In Pretoria (eins der drei Hauptstädte Südafrikas) liegt die Quelle Doornkloof, die seit 2011 wirtschaftlich von Nestlé genutzt wird. 282.000 Liter Wasser werden hier pro Tag geschöpft, abgepackt in blauen Flaschen mit PURE LIFE etikettiert. Doch vor Ort können sich das „pure Leben" nur wenige leisten (Orange Handelsblatt, 2018).

Fabrikmitarbeitern ist es erlaubt Flaschen mit beschädigtem Etikett mitzunehmen, genauer: Zwei 0,5 Liter Flaschen NESTLÉ Wasser am Tag. Von diesen wird in den meisten Fällen eine Flasche für die Kinder mit nach Hause genommen.
Diese Fabrikmitarbeiter leben einen Steinwurf von der Fabrik entfernt unter sehr beschwerlichen Bedingungen ohne Wasseranschluss. Dort trinken sie dann das Wasser, das unter ihrem Boden fließt abgepackt vom Schweizer Großkonzern. Der Arbeitsalltag umfasst eine 12 Stunden Schicht mit 15 minütiger Mittagspause ohne Kantine (Netzfrauen, 2017).

Im zuständigen Ministerium heißt es man wolle mit der Vergabe von Wasserlizenzen an private Konzerne das Wachstum fördern. Gleichzeitig vergibt die Regierung Südafrikas immer neue Wasserlizenzen auch an andere Industrien (Orange Handelsblatt, 2018).

Am Stadtrand von Carolina (einer 30 000 Einwohner Gemeinde) sind weite Teile des Grundwassers, die vom Abwasser einer Miene verseucht werden, zu sehen. Dieses unsaubere Wasser fließt direkt in die Trinkwasserversorgung der Stadt, das mit Aluminium, Mangan, Eisen und Sulfaten vergiftet ist. Für Trinkwasser darf der pH-Wert nicht unter 5,5 liegen. Dort liegt er bei 3,6 (Stern, 2015).

Die Lizenz für das PURE LIFE Wasser läuft noch weitere 13 Jahre (Stern, 2015).

„Unternehmensethik versteht sich als eine Lehre vom friedensstiftenden Handeln der Unternehmensführung bei Konflikten mit den jeweiligen Anspruchsgruppen" (Müller-Stewens & Lechner, 2011, S. 241).

5.2 Unternehmenswerte

Auf der Website des Großkonzerns (www.nestle.de) werden unter der Rubrik „Verantwortung" einige Unternehmenswerte dargestellt. Dort heißt es NESTLÉ sei die konsequente Wahrung von Menschenrechten in dessen Lieferketten wichtig. „Um die Lebensqualität der Menschen zu verbessern und zu einer gesünderen Zukunft beizutragen (...) hat NESTLÉ übergeordnete Ziele formuliert", heißt es dort. Ebenso wird erklärt, dass ein klarer Fokus auf einen rücksichtsvolleren Umgang mit der Natur liegt und einem klaren Bekenntnis zu deren sozialen Verantwortung. Des Weiteren wird zur nachhaltigen Nutzung von Wasserressourcen und dessen verantwortungsbewusstem Umgang damit plädiert. Manifestation der Unternehmensethik findet i.d.R. durch leitende Grundsätze, Überzeugungen und Wertemaßstäbe statt. Gemeinsame Werte ergeben eine Moral, die in diesem Fall durch einen Wertebruch extrem in Verruf geraten ist.

5.3 Wertebruch

PURE LIFE, eine Wassermarke von vielen die zu NESTLÉ gehört, wird in Südafrika angepriesen mit dem Slogan „Water you can trust". So wird versucht Kapital daraus zu schlagen, dass das öffentliche Wasser nicht mehr sicher ist. Mit dem Masseprodukt soll der Bedarf an sauberem Trinkwasser gedeckt werden (gerade für Entwicklungsländer). Das Problem daran ist, dass sich dieses Wasser nur die wenigsten leisten können. Kinder müssen beispielsweise kilometerweit laufen, um an kostenloses sauberes Wasser zu kommen, dass meist von Gebetshäusern bereitgestellt wird (Stern, 2015). Der Wertebruch findet hier in Bezug auf die Achtung der Menschenrechte statt.

Peter Brabeck-Letmathe (bis 2017 Verwaltungsrat-Präsident von Nestlé) erklärte 2013 in einer öffentlichen Video-Aufnahme von Nestlé, dass Wasserknappheit die größte Herausforderung darstelle und deshalb Wasser als wertvolle Ressource verstanden werden muss. Deswegen sei eine bessere Verwaltung, ein höherer Schutz und eine höherer Wertschätzung der Wasserressourcen nötig. „Wenn wir Wasser einen Wert geben wird dies ein Anreiz sein in die Sicherstellung unserer Versorgung zu investieren", so Brabeck-Letmathe.

Für die anliegenden Bewohner steht keine weitere Wasserquelle zur Verfügung. So müssen sich diese ihr benötigtes Wasser beim Großkonzern kaufen getreu dem Motto „Ja, Wasser ist ein Menschenrecht, aber nur wenn man in der Lage ist, dessen Preis zu zahlen" (Bottled Life, 2012).

5.4 Konsequenzen

Abschließend wird auf jeweils zwei Konsequenzen für interne und externe Stakeholder eingegangen, die der Skandal des Unternehmen zu Folge hat.

Konsequenzen für interne Stakeholder:

In erster Linie riskiert NESTLÉ mit dem Trinkwasser Skandal einen immensen Personalverlust. Mitarbeiter, die mit dem begangenen Wertebruch konfrontiert werden, könnten das Unternehmen verlassen: Zum einen aufgrund d. Rufschädigung und zum anderen als Folge der Verantwortung, die sie mittragen müssen.

Das Wassergeschäft bei NESTLÉ wird umgebaut. Der bisherige Chef Maurizio Patarnello hat 2019 den Posten geräumt, ebenso wie sein Nachfolger Patrice Bula Ende Februar 2021 den Platz auf dem Chefsessel von NESTLÉ für Bernard Meunier freimachen wird (Stern, 2019).

Konsequenzen für externe Stakeholder:

Eine Boykottierung der Produkte des Unternehmens könnte die erste Konsequenz für den Endverbraucher sein. Im Hinblick auf Kooperationspartner bedeutet der Trinkwasser Skandal für Nestlé einen mindestens genauso großen Verlust. Durch die sinkende Möglichkeit Nestlé Produkte zu kaufen werden entsprechend auch die Umsatzzahlen sinken.

6 Literaturverzeichnis

Bottled Life (2012). *Die Geschichte.* Zugriff am 17.12.2020. Verfügbar unter: https://www.bottledlifefilm.com/hauptseite

Haake, K. & Seiler, W. (2012). *Strategie-Workshop: In fünf Schritten zur erfolgreichen Unternehmensstrategie* (2. Aufl.). Stuttgart: Schäffer-Poeschel.

Müller-Stewens, G. & Lechner, C. (2011). *Strategisches Management: Wie strategische Initiativen zum Wandel führen* (4., überarbeitete Aufl.). Stuttgart: Schäffer-Poeschel.

Nestlé (2020). *Verantwortung.* Zugriff am 18.12.2020. Verfügbar unter: https://www.nestle.de

Netzfrauen (2017). *Trotz Dürre-Katastrophe – Nestlé pumpt 20.000 Liter pro Stunde Wasser aus Äthiopiens Boden und baut die Milchwirtschaft aus.* Zugriff am 17.12.20. Verfügbar unter: https://netzfrauen.org/2017/04/12/aethiopien-nestle/

Orange Handelsblatt (2018). *Warum nestle so unbeliebt ist.* Zugriff am 17.12.2020. Verfügbar unter: https://organge.handelsblatt.com/artikel/40262

Stern (2019). *Läuft nicht bei Nestlé – Konzern muss Wassergeschäft umbauen.* Zugriff Am 17.12.2020. Verfügbar unter: https://www.stern.de/wirtschaft/news/nestlé-muss-das-wassergeschaeft-umbauen-8957908.html

Welge, M. K. & Al-Laham, A. (2012). *Strategisches Management: Grundlagen – Prozess Implementierung* (6. Aufl.). Berlin: Springer.

7 Tabellenverzeichnis

BEI GRIN MACHT SICH IHR WISSEN BEZAHLT

- Wir veröffentlichen Ihre Hausarbeit,
  Bachelor- und Masterarbeit

- Ihr eigenes eBook und Buch -
  weltweit in allen wichtigen Shops

- Verdienen Sie an jedem Verkauf

Jetzt bei www.GRIN.com hochladen
und kostenlos publizieren